Impressum
Verlag: BABADADA GmbH, Nedderfeld 112 , 22529 Hamburg
Geschäftsführer / Verlagsleitung: Harald Hof
Druck: Books on Demand GmbH, In de Tarpen 42, 22848 Norderstedt

Imprint
Publisher: BABADADA GmbH, Nedderfeld 112 , 22529 Hamburg, Germany
Managing Director / Publishing direction: Harald Hof
Print: Books on Demand GmbH, In de Tarpen 42, 22848 Norderstedt, Germany

School

школа

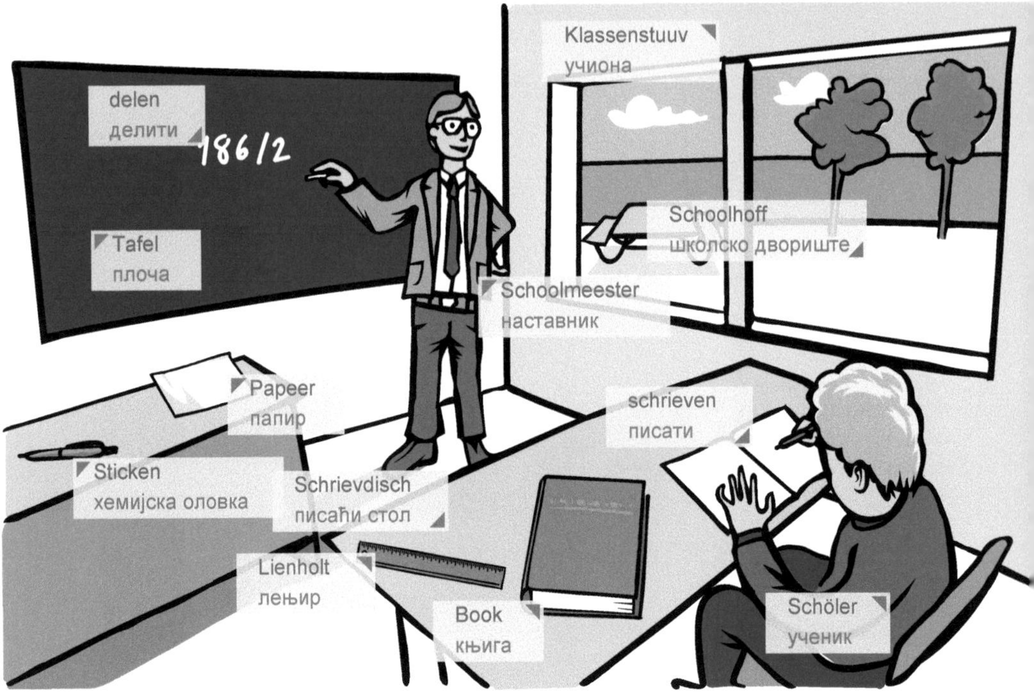
Klassenstuuv
учиона
delen
делити
186/2
Tafel
плоча
Schoolhoff
школско двориште
Schoolmeester
наставник
Papeer
папир
schrieven
писати
Sticken
хемијска оловка
Schrievdisch
писаћи стол
Lienholt
лењир
Book
књига
Schöler
ученик

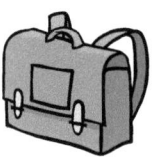

Ranzel

торба

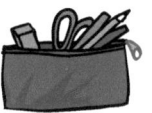

Feddermapp

перница

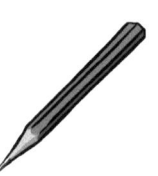

Bleesticken

графитна оловка

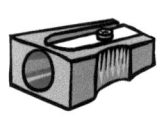

Scharpmaker

шиљило за оловке

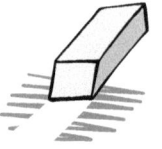

Radeergummi

гумица за брисање

Tekenblock

блок за цртање

Teken

цртеж

Pinsel

кист

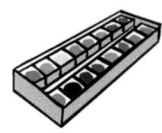

Malkassen

кутија са бојама

Scheer

маказе

Klever

лепило

Heft to'n Öven

бележница

Huusopgaav

домаћи задатак

12

Tall

број

2+2

tohooptellen

сабирати

5-2

aftrecken

одузимати

2×2

malnehmen

множити

reken

рачунати

A

Bookstaav

слово

ABCDEFG
HIJKLMN
OPQRSTU
VWXYZ

ABC

абецеда

hello

Woort

реч

School - школа

Text

текст

lesen

читати

Kried

креда

Stunn

час

Klassenbook

дневник

Pröven

испит

Tüügnis

сведочанство

Schooluniform

школска униформа

Utbillen

образование

Nakieksel

лексикон

Universität

универзитет

Mikroskop

микроскоп

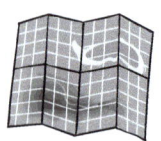

Koort

карта

Papeerkorf

кошара за папир

Hotel
хотел

Harbarg
преноћиште

ROOMS

EXCHANGE

Wesselstuuv
мењачница

Kuffer
кофер

Auto
ауто

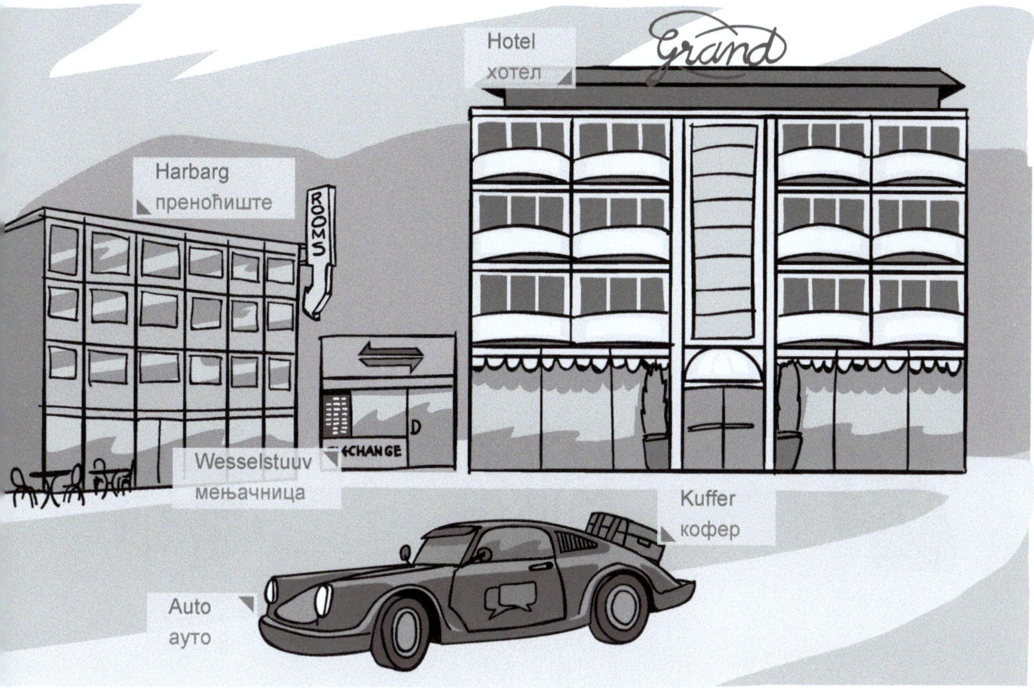

Spraak

језик

jo / ne

да / не

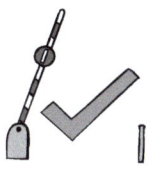

Jo

океј

Moin

здраво

Översetter

преводилац

Dank ok

хвала

Wat kost…?

Колико кошта…?

Ik verstah nich

не разумем

Problem

проблем

Goden Avend

добро вече!

Moin!

Добро јутро!

Gode Nacht!

Лаку ноћ!

Tschüüs

довиђења

Richt

смер

Bagaasch

пртљага

Tasch

торба

Rüchsack

руксак

Gast

гост

Stuuv

соба

Slaapsack

врећа за спавање

Telt

шатор

Touristeninformatschoon

туристичке информације

Strand

плажа

Kreditkoort

кредитна картица

Fröhstück

доручак

Meddageten

ручак

Avendeten

вечера

Fohrkort

карта за вожњу

Fohrstohl

лифт

Breefmark

поштанска маркица

Grenz

граница

Toll

царина

Bottschop

амбасада

Visum

виза

Pass

пасош

Transport

транспорт

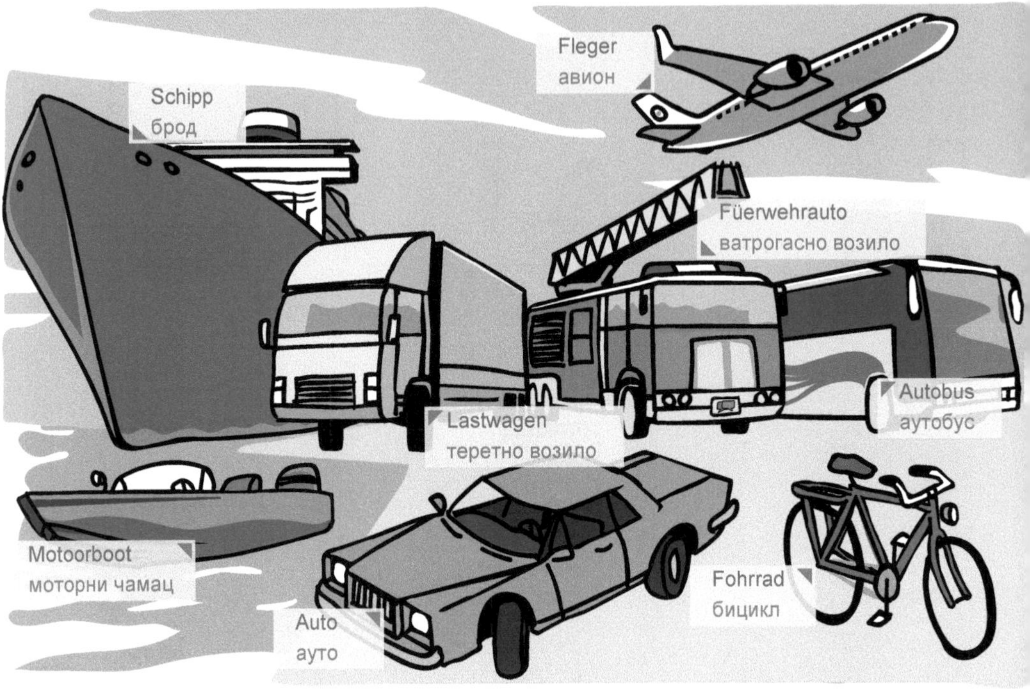
Fleger
авион
Schipp
брод
Füerwehrauto
ватрогасно возило
Autobus
аутобус
Lastwagen
теретно возило
Motoorboot
моторни чамац
Fohrrad
бицикл
Auto
ауто

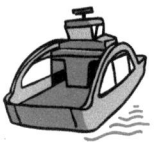

Fähr

трајект

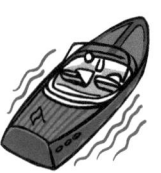

Boot

чамац

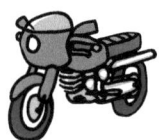

Motoorrad

мотоцикл

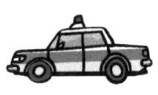

Polizeiauto

полицијски ауто

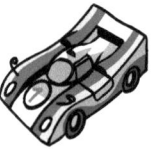

Rönnauto

тркаћи ауто

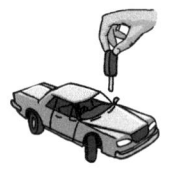

Lehnwagen

изнајмљено ауто

Carsharing

дељење аутомобила

Afsleepwagen

вучно возило

Müllauto

возило за одвоз смећа

Motoor

мотор

Kraftstoff

бензин

Tanksteed

бензинска станица

Verkehrsschild

саобраћајни знак

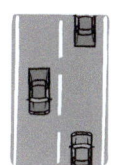

Verkehr

саобраћај

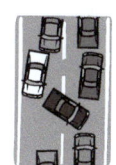

Stau

застој

Afstellplatz

паркиралиште

Bahnhoff

железничка станица

Sporen

шине

Tog

воз

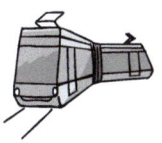

Stratenbahn

трамвај

Wagon

вагон

Dwarsmöhl

хеликоптер

Flooghaven

аеродром

Tower

кула

Fohrgast

путник

Grootkist

контејнер

Karton

картон

Koor

колица

Korf

корпа

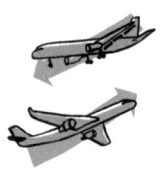

starten / lannen

узлетети / слетети

Stadt

град

Dörp

село

Binnenstadt

центар града

Huus

кућа

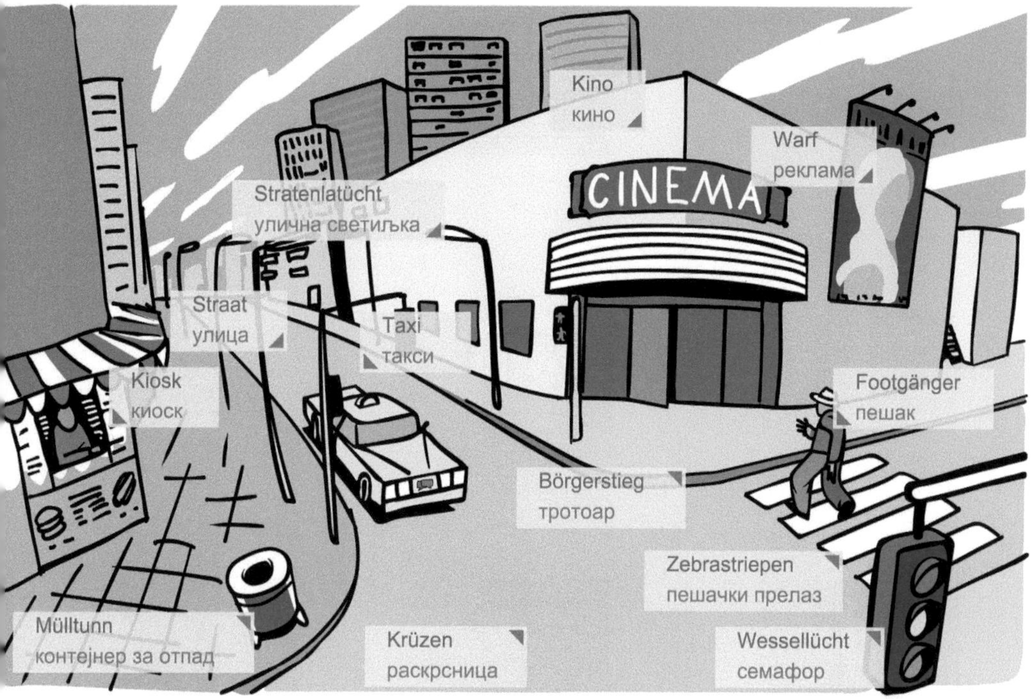

Kino
кино

Warf
реклама

Stratenlatücht
улична светиљка

CINEMA

Straat
улица

Taxi
такси

Footgänger
пешак

Kiosk
киоск

Börgerstieg
тротоар

Zebrastriepen
пешачки прелаз

Mülltunn
контејнер за отпад

Krüzen
раскрсница

Wessellücht
семафор

Hütt

колиба

Wahnung

стан

Bahnhoff

железничка станица

Raathuus

већница

Museum

музеј

School

школа

Universität

универзитет

Bank

банка

Krankenhuus

болница

Hotel

хотел

Afteek

апотека

Büro

канцеларија

Bookhökerie

књижара

Hökerie

продавница

Blomenhökerie

цвећара

Supermarkt

супермаркет

Markt

трг

Koophuus

робна кућа

Fischhökerie

рибарница

Inkoopszentrum

трговачки центар

Haven

лука

Parkanlaag

парк

Bank

клупа

Brüch

мост

Trepp

степенице

Ünnergrundbahn

подземна железница

Tunnel

тунел

Busstoppsteed

аутобуска станица

Bar

бар

Spieslokal

ресторан

Breefkassen

поштанско сандуче

Stratenschild

улични знак

Parkklock

паркирни аутомат

Deertenpark

зоолошки врт

Baadanstalt

базен

Moschee

џамија

Buernhoff

сеоско газдинство

Ümweltversmudden

загађење околине

Karkhoff

гробље

Kark

црква

Speelplatz

игралиште

Tempel

храм

Landschop

пејсаж

Blatt
лист

Wiespahl
путоказ

Weg
пут

Wisch
ливада

Steen
камен

Boom
дрво

Wannerer
шетач

Fluss
река

Gras
трава

Bloom
цвет

Daal

долина

Barg

планина

See

језеро

Holt

шума

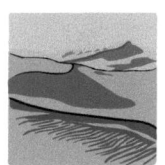

Wööst

пустиња

Füerspien Barg

вулкан

Slott

дворац

Regenbagen

дуга

Poggenstohl

гљива

Palm

палма

Steekmück

москито

Fleeg

мува

Miegeemk

мрав

Imm

пчела

Spinn

паук

Sebber

буба

Pogg

жаба

Katteker

веверица

Swienegel

јеж

Haas

зец

Uul

сова

Vagel

птица

Swaan

лабуд

Wildswien

дивља свиња

Hirsch

јелен

Elk

лос

Staudamm

насип

Windrad

ветрењача

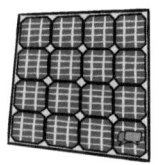

Solarmodul

соларна плоча

Klima

клима

Spieslokal

ресторан

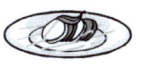

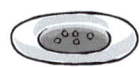

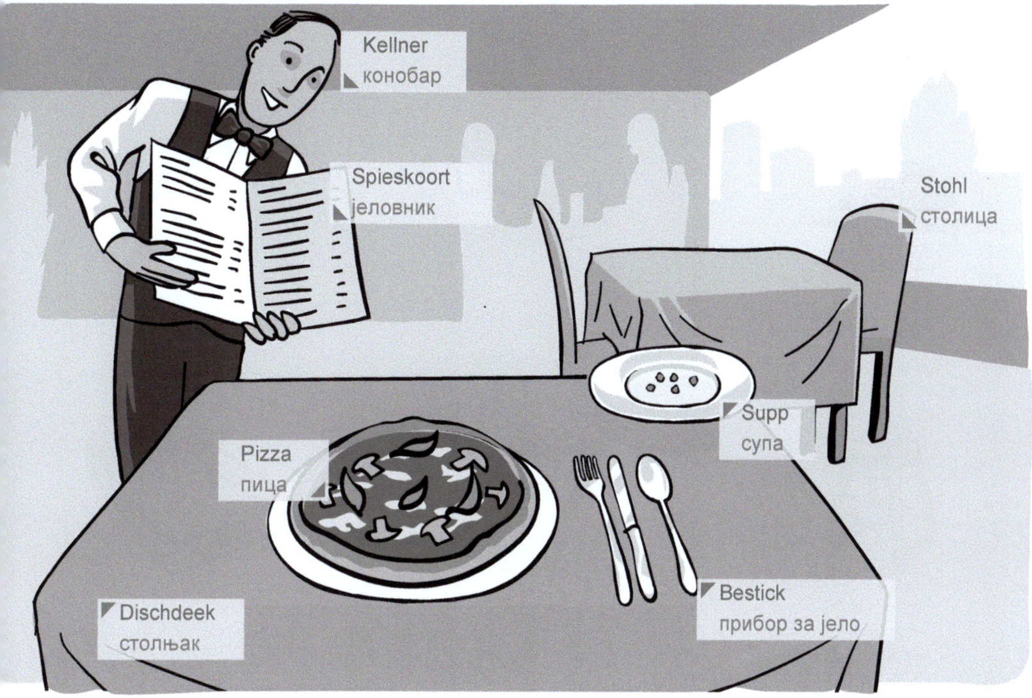

Kellner
конобар
Spieskoort
јеловник
Stohl
столица
Supp
супа
Pizza
пица
Bestick
прибор за јело
Dischdeek
стољњак

Vörspies

предјело

Haupteten

главно јело

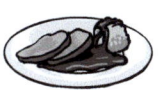

Nadisch

десерт

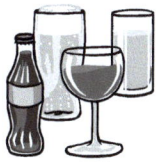

Drünk

напитци

Eten

јело

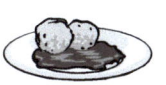

Buddel

флаша

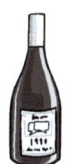

Fastfood

брза храна

Strateneten

имбис храна

Teekann

чајник

Zuckerdoos

доза за шећер

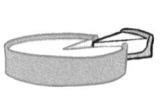

Portschoon

порција

Espressomaschien

апарат за еспресо

Hoochstohl

висока столица

Reken

рачун

Tablett

послужавник

Mess

нож

Gavel

виљушка

Lepel

кашика

Teelepel

чајна кашика

Munddook

салвета

Glas

чаша

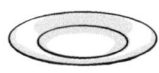

Töller

тањир

Suppentöller

тањир за супу

Ünnertass

тањирић

Sooß

сос

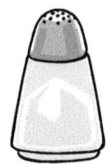

Soltstreuer

сољенка

Pepermöhl

млин за бибер

Etig

сирће

Ööl

уље

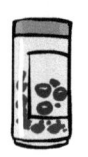

Krüder

зачини

Ketchup

кечап

Mostrich

сенф

Mayonnaise

мајонеза

Supermarkt

супермаркет

Anbott
понуда
FOR
Kunn
купац
Melkprodukten
млечни производи
Aaft
воће
Inkoopswagen
колица за куповину

BUTCHERS

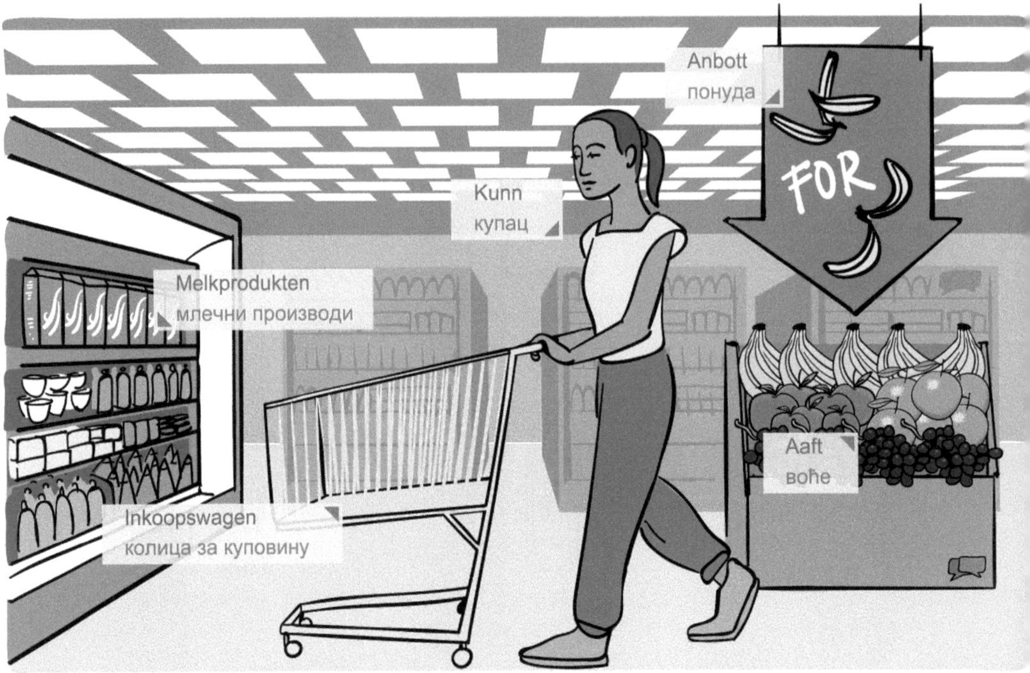

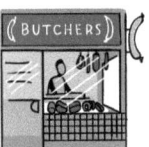

Slachterie

месница

BAKERY

Bäckerie

пекара

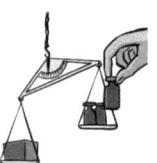

wegen

вагати

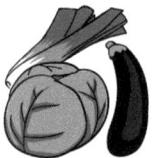

Gröönsaken

поврће

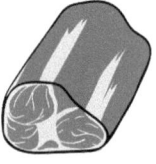

Fleesch

месо

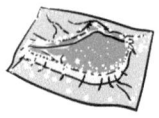

Deepköhlkost

смрзнута храна

Opsnitt

нарезак

Konserven

конзерве

Waschmiddel

средство за прање

Snoopkraam

слаткиши

Huushooltssaken

артикли за домаћинство

Reinmaaktüüch

средства за чишћење

Verköpersche

продавачица

Kass

благајна

Kasserer

благајник

Inkoopslist

листа за куповину

Opsparrtieden

време рада

Breeftasch

новчаник

Kreditkoort

кредитна картица

Tasch

торба

Plastiktüüt

пластична кеса

напитци

Water

вода

Saft

сок

Melk

млеко

Cola

кола

Wien

вино

Beer

пиво

Spriet

алкохол

Kakao

какао

Tee

чај

Koffie

кава

Espresso

еспресо

Cappucino

капућино

Banaan

банана

Appel

јабука

Appelsien

наранџа

Meloon

лубеница

Zitroon

лимун

Wöttel

шаргарепа

Knuuvlook

бели лук

Bambus

бамбус

Zibbel

лук

Poggenstohl

гљива

Nööt

орашасти плодови

Nudeln

резанци

Spaghetti

шпагете

Ries

рижа

Salat

салата

Pommes frites

помфрит

Braadkantüffeln

печени крумпир

Pizza

пица

Hamborger

хамбургер

Sandwich

сендвич

Snitzel

шницла

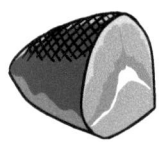

Schinken

шунка

Salami

салама

Wust

кобасица

Hohn

кокош

Braden

печење

Fisch

риба

Haverflocken

зобене пахуљице

Müsli

мусли

Cornflakes

кукурузне пахуљице

Mehl

брашно

Croissant

кроасан

Rundstück

пециво

Broot

хлеб

Toast

тоаст

Keksen

кекси

Botter

маслац

Quark

свежи сир

Koken

колач

Ei

jaje

Spegelei

jaje на око

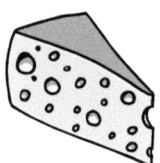

Kees

сир

Ies

сладолед

Zucker

шећер

Honnig

мед

Marmelaad

мармелада

Nougat-Creme

нугат крема

Curry

кари

Buernhoff

сеоско газдинство

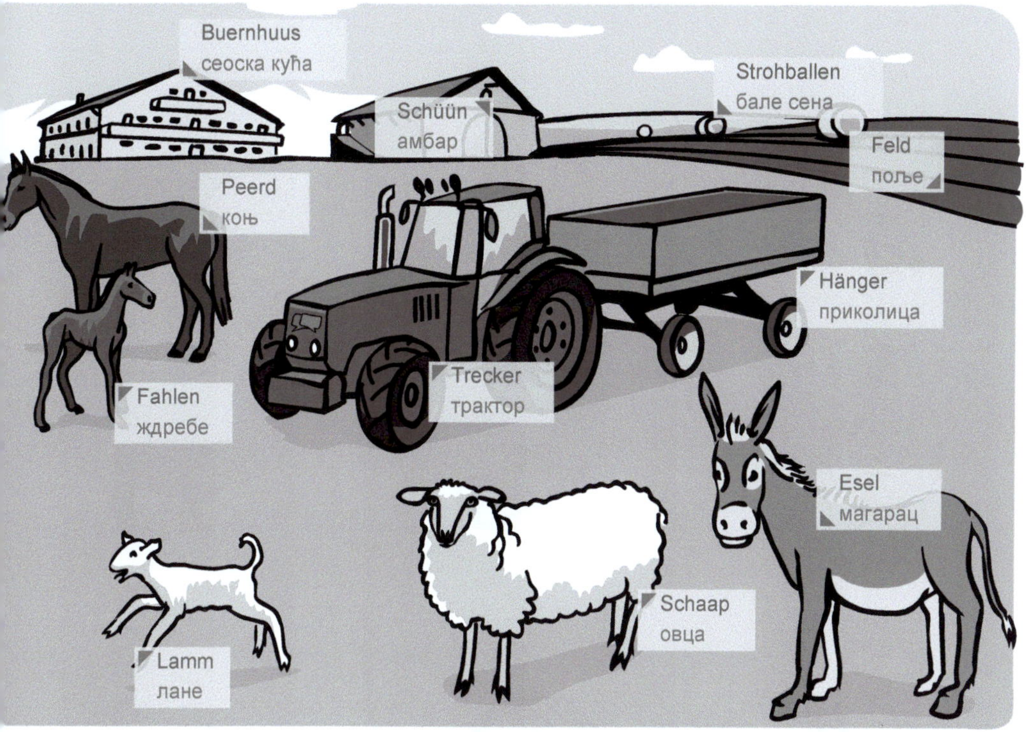
Buernhuus
сеоска кућа
Schüün
амбар
Strohballen
бале сена
Feld
поље
Peerd
коњ
Hänger
приколица
Trecker
трактор
Fahlen
ждребе
Esel
магарац
Schaap
овца
Lamm
лане

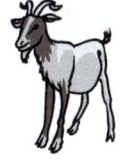

Zeeg

коза

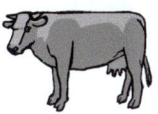

Koh

крава

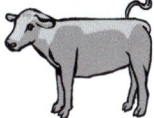

Kalf

теле

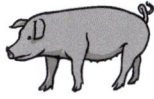

Swien

свиња

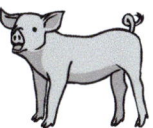

Farken

прасе

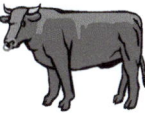

Bull

бик

Goos

гуска

Aant

патка

Küken

пилићи

Hohn

кокош

Hahn

петао

Rott

пацов

Katt

мачка

Muus

миш

Oss

вол

Hund

пас

Hunnenhütt

кућица за пса

Goornslauch

вртно црево

Geetkann

канта за поливање

Lee

коса

Ploog

плуг

Sich

срп

Hack

мотика

Mestfork

виљушка за ђубриво

Ext

секира

Schuufkoor

тачке

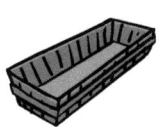

Trog

корито

Melkkann

посуда за млеко

Sack

врећа

Tuun

ограда

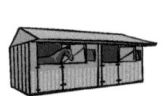

Stall

штала

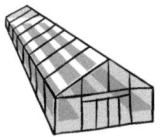

Drievhuus

стакленик

Bodden

земља

Saat

семе

Dünger

ђубриво

Meihdöscher

комбајн

oornen

жети

Oorn

жетва

Yamswöttel

јамс зачин

Weten

пшеница

Soja

соја

Kantüffel

крумпир

Törksche Weten

кукуруз

Rapp

уљана репица

Aaftboom

воћка

Troopsch Kantüffel

гомољ маниоке

Koorn

житарице

Huus

кућа

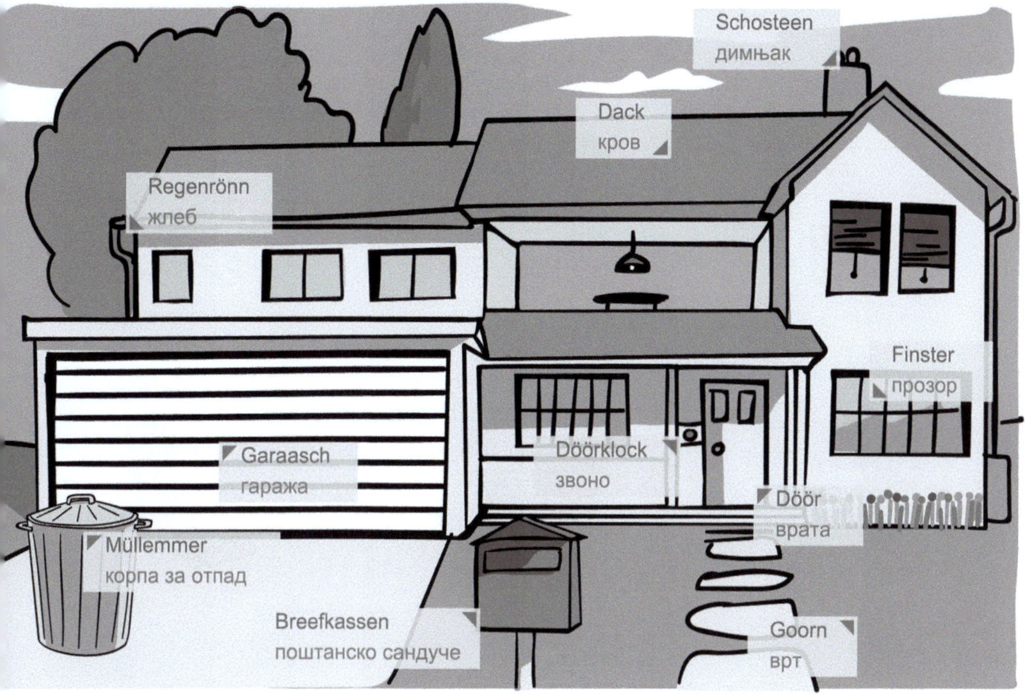

Schosteen
димњак
Dack
кров
Regenrönn
жлеб
Finster
прозор
Garaasch
гаража
Döörklock
звоно
Dööр
врата
Müllemmer
корпа за отпад
Breefkassen
поштанско сандуче
Goorn
врт

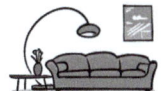

Wahnstuuv

дневна соба

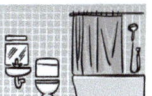

Baadstuuv

купаоница

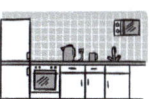

Köök

кухиња

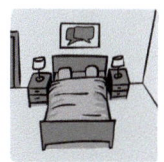

Slaapstuuv

спаваћа соба

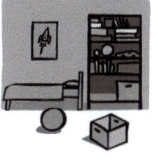

Kinnerstuuv

дечија соба

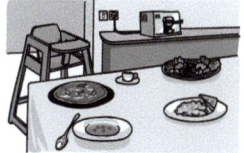

Eetstuuv

трпезарија

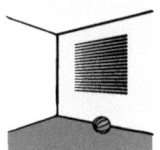

Footbodden

под

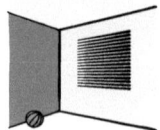

Wand

зид

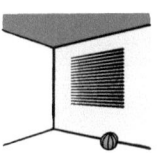

Deek

строп

Keller

подрум

Hittluftbad

сауна

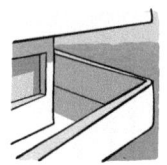

Balkon

балкон

Terrass

тераса

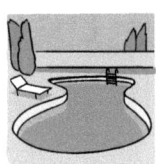

Swümmbad

базен

Rasenmeiher

косилица за траву

Bettbetog

постељина за кревет

Bettdeek

дека за кревет

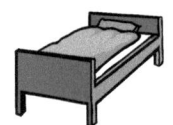

Puuch

кревет

Bessen

метла

Emmer

канта

Schalter

прекидач

Wahnstuuv

дневна соба

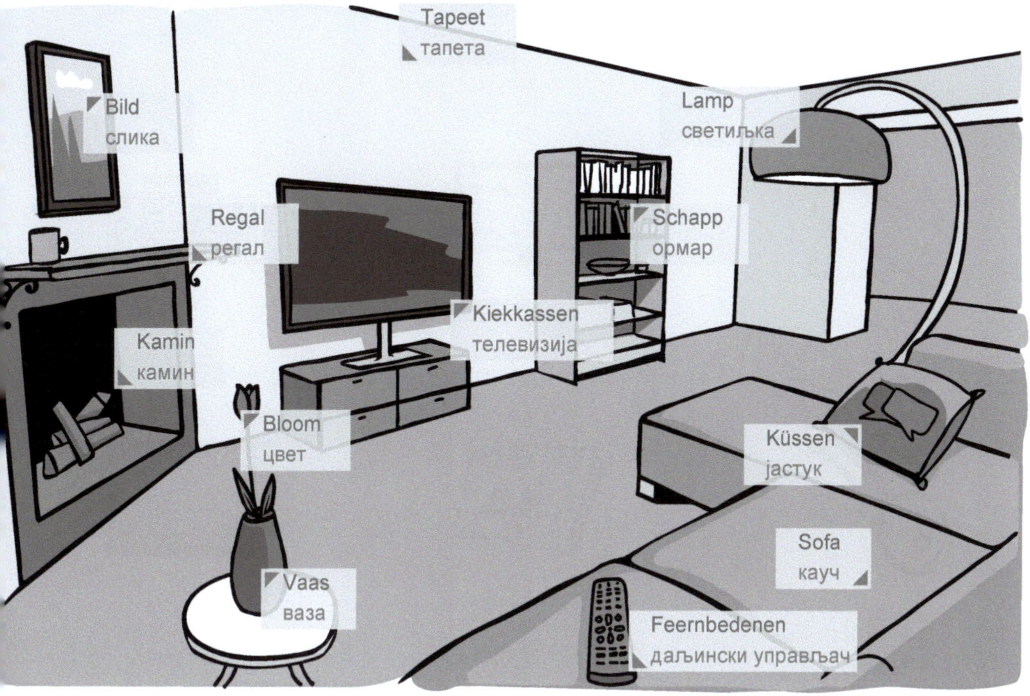

Tapeet
тапета
Bild
слика
Lamp
светиљка
Regal
регал
Schapp
ормар
Kiekkassen
телевизија
Kamin
камин
Bloom
цвет
Küssen
јастук
Sofa
кауч
Vaas
ваза
Feernbedenen
даљински управљач

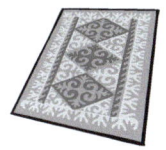

Teppich

тепих

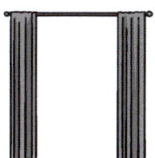

Vörhang

завеса

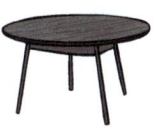

Disch

сто

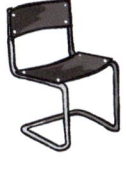

Stohl

столица

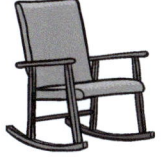

Schuckelstohl

столица за њихање

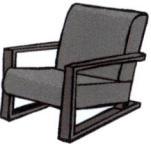

Sessel

фотеља

Book

књига

Deek

дека

Dekoratschoon

декорација

Füerholt

дрво за огрев

Film

филм

Stereoanlaag

хи-фи уређај

Slötel

кључ

Narichtenblatt

новине

Gemälde

слика на платну

Poster

постер

Radio

радио

Opschrievblock

блок за писање

Huulbessen

усисивач

Kaktus

кактус

Kars

свећа

Köök

кухиња

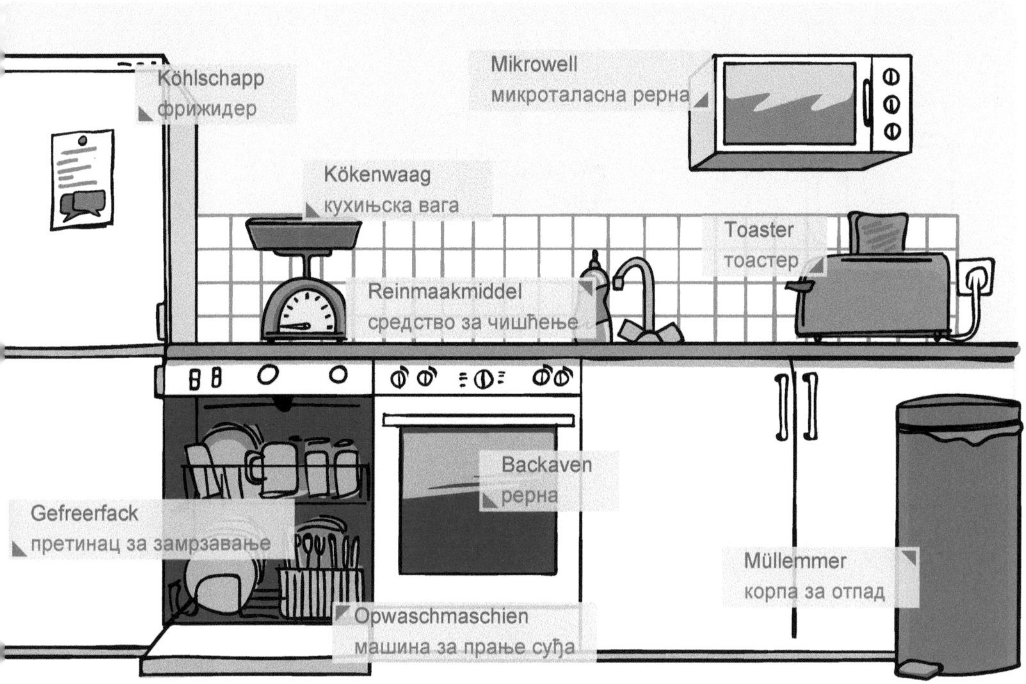

Köhlschapp
фрижидер
Mikrowell
микроталасна рерна
Kökenwaag
кухињска вага
Toaster
тоастер
Reinmaakmiddel
средство за чишћење
Backaven
рерна
Gefreerfack
претинац за замрзавање
Müllemmer
корпа за отпад
Opwaschmaschien
машина за прање суђа

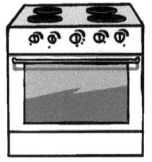

Heerd

шпорет

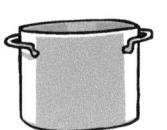

Pott

лонац

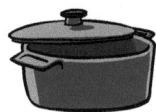

Gussiesern Putt

гвоздени лонац

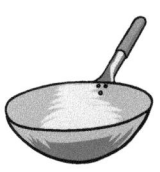

Wok / Kadai

вок / кадаи

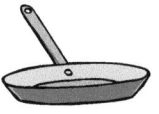

Pann

тава

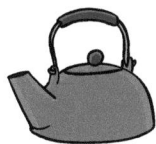

Waterkaker

кувало за воду

Dampkaakputt

кувало на пару

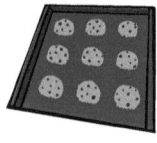

Backblick

лим за печење

Geschirr

посуђе

Beker

чаша

Schaal

посуда

Eetsticken

штапићи за јело

Suppenkell

кутлача

Pannenwenner

лопатица

Sneebessen

пењача

Kaakseef

сито за кување

Seef

сито

Riev

рибеж

Mörser

мужар

Grill

роштиљ

Füerstell

огњиште

Sniedbrett

даска

Nudelholt

оклагија

Proppentrecker

вадичеп

Doos

конзерва

Dosenaapner

отварач конзерви

Pottlappen

крпа за лонац

Waschbecken

судопер

Böst

четка

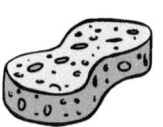

Swamm

сунђер

Mixer

миксер

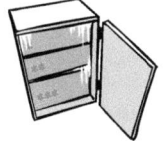

Iesschapp

замрзивач

Nuckelbuddel

флашица за бебе

Waterhahn

славина за воду

Köök - кухиња

Baadstuuv

купаоница

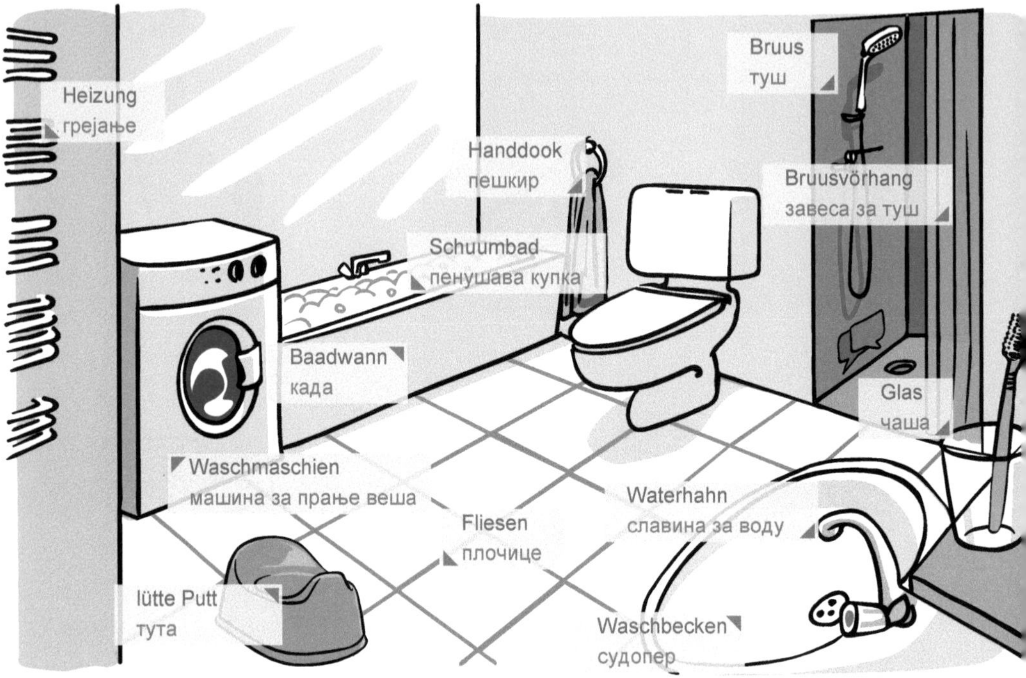

Heizung
грејање
Handdook
пешкир
Bruus
туш
Bruusvörhang
завеса за туш
Schuumbad
пенушава купка
Baadwann
када
Glas
чаша
Waschmaschien
машина за прање веша
Waterhahn
славина за воду
Fliesen
плочице
lütte Putt
тута
Waschbecken
судопер

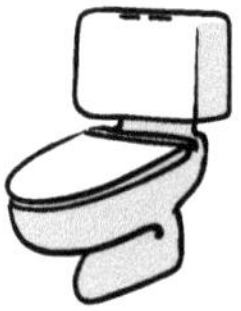

Tante Meier

топлет

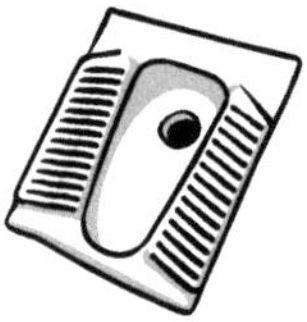

Hockklo

чучавац

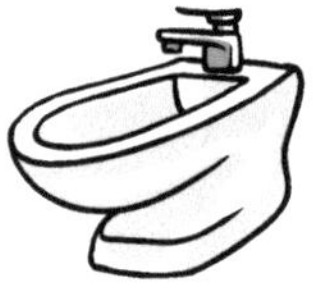

Bidet

бидет

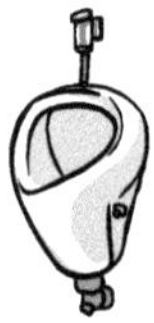

Miegbecken

писоар

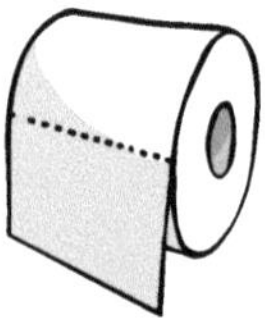

Klopapeer

тоалетни папир

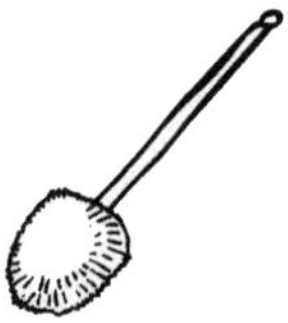

Kloböst

четка за тоалет

Tähnböst

четкица за зубе

Tähnpast

паста за зубе

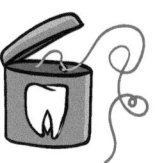

Tähnsied

конац за зубе

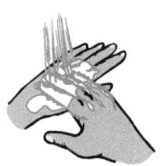

waschen

прати

Handbruus

туш ручица

Intimbruus

туш за прање интимних делова

Waschschöttel

лавор

Rüchböst

четка за прање леђа

Seep

сапун

Bruusgeel

гел за туширање

Hoorwaschmiddel

шампон

Waschlappen

крпа за прање

Afloop

одвод

Creme

крема

Deodorant

дезодоранс

Spegel

огледало

Kosmetikspegel

козметичко огледало

Raserer

бријач

Raseerschuum

пена за бријање

Raseerwater

лосион за после бријања

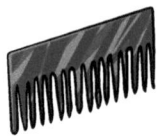

Kamm

чешаљ

Böst

четка

Hoordröger

фен за косу

Hoorspray

спреј за косу

Smink

шминка

Lippensticken

руж за усне

Nagellack

лак за нокте

Watt

вата

Nagelscheer

маказе за нокте

Rüükwater

парфем

Kulturbüdel

козметичка торбица

Schemel

столица

Waag

вага

Baadmantel

огртач

Gummihanschen

рукавице за чишћење

Tampon

тампон

Damenbinn

уложак

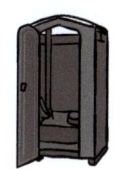

Chemieklo

хемијски тоалет

Kinnerstuuv

дечија соба

Wecker
будилник
Knudeldeert
плишана играчка
Speeltüüchauto
ауто играчка
Klöter
звечка
Poppenhuus
кућица за лутке
Geschenk
поклон

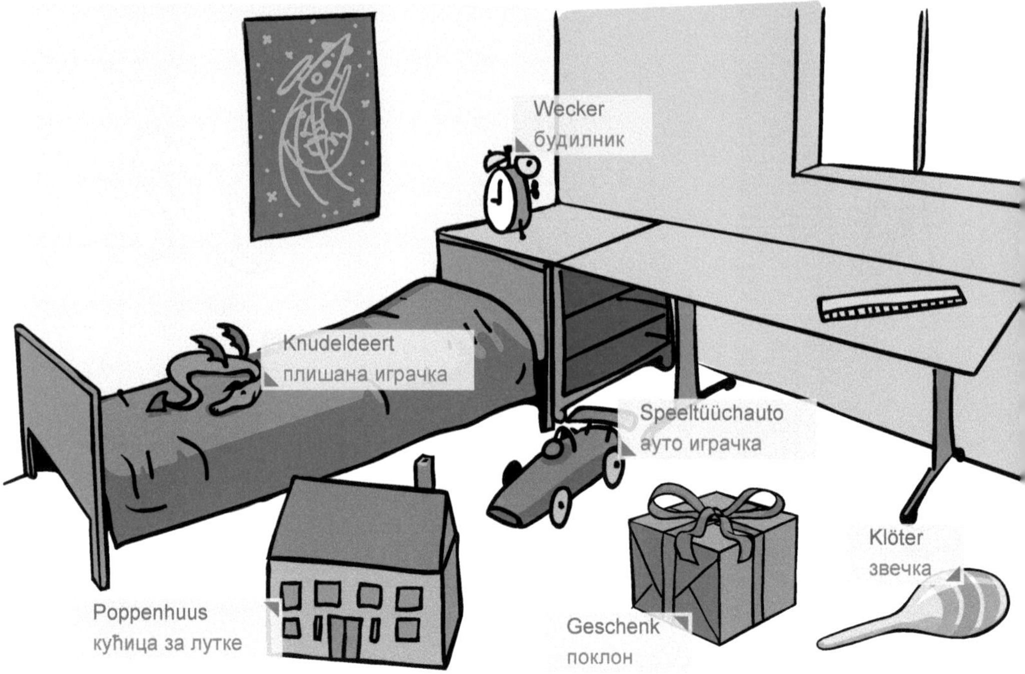

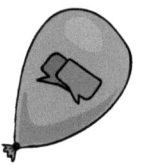

Luftballon

балон

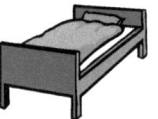

Puuch

кревет

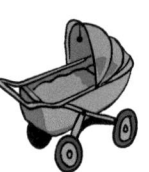

Kinnerwagen

дјечија колица

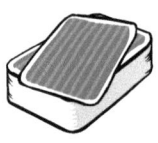

Koortenspeel

игра са картама

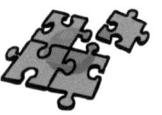

Puzzle

слагалица

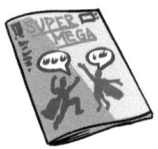

Billergeschicht

стрип

Legostenen

лего коцкице

Bustenen

коцкице за слагање

Action-Figur

акциони јунак

Strampelantog

бенкица за бебе

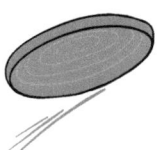

Frisbeeschiev

фризби

Mobile

висеће играчке

Brettspeel

друштвене игре

Wörpel

коцка

Modelliesenbahn

минијатурна жељезница

Snuller

дуда

Party

забава

Billerbook

сликовница

Ball

лопта

Popp

лутка

spelen

играти

Sandkassen

пешчаник

Schuckel

љуљачка

Speeltüüch

играчка

Speelkonsool

конзола за игре

Dreerad

трицикл

Teddyboor

теди

Klederschapp

ормар

Tüüch

одећа

Socken

кратке чарапе

Strümp

чарапе

Strumpbüx

хулахопке

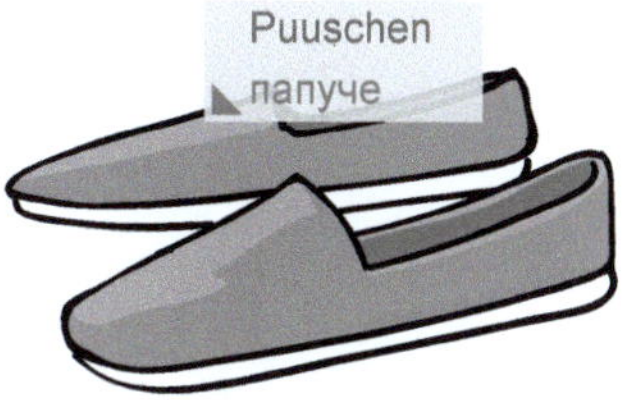

Halsdook
шал

Paraplü
кишобран

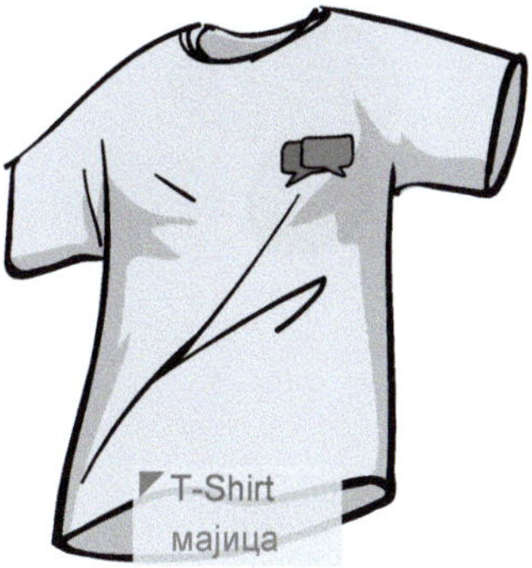

T-Shirt
мајица

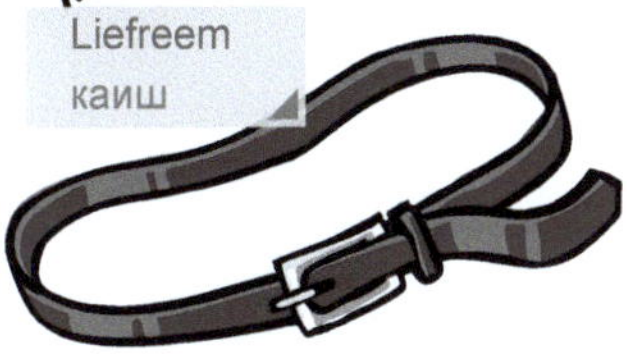

Liefreem
каиш

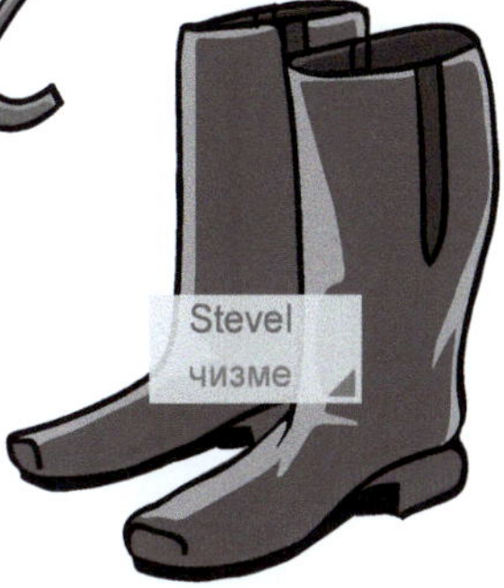

Turnschoh
патике

Stevel
чизме

Puuschen
папуче

Sandalen
сандале

Schoh
ципеле

Gummistevel
гумене чизме

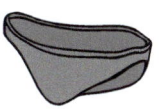

Ünnerbüx
гаћице

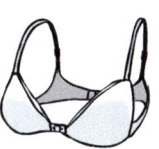

Bostholler
грудњак

Ünnerhemd
поткошуља

Lief

боди

Büx

панталоне

Jeansnüx

фармерке

Rock

сукња

Bluus

блуза

Hemd

кошуља

Pullover

џемпер

Kapuzenpullover

џемпер с капуљачом

Blazer

сако

Jack

јакна

Mantel

мантил

Övertrecker

кабаница

Kostüm

костим

Kleed

хаљина

Hochtietskleed

венчаница

Antog

одело

Nachtkleed

спаваћица

Slaapantog

пиџама

Sari

сари

Koppdook

марама за главу

Turban

турбан

Burka

бурка

Kaftan

кафтан

Abaya

абаја

Baadantog

купаћи костим

Baadbüx

купаће гаћице

Korte Büx

кратке панталоне

Antog to'n Öven

одећа за тренинг

Schört

кецеља

Handschoh

рукавице

Knopp

дугме

Brill

наочаре

Armband

наруквица

Halskeed

огрлица

Ring

прстен

Ohrbummel

наушница

Mütz

капа

Klederbögel

вешалица

Hoot

шешир

Binner

краватa

Rietslüter

патент затварач

Helm

кацига

Drachtband

нараменице

Schooluniform

школска униформа

Uniform

униформа

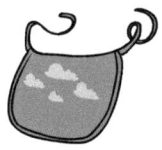

Severböten

подбрадак

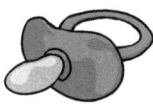

Snuller

дуда

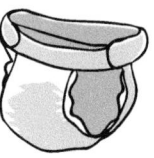

Winnel

пелена

Büro

канцеларија

Server
сервер
Aktenschapp
ормар за списе
Drucker
штампач
Papeer
папир
Bildschirm
монитор
Muus
миш
Schrievdisch
писаћи сто
Orner
мапа
Knoopboord
тастатура
Papeerkorf
кошара за папир
Computer
компјутер
Stohl
столица

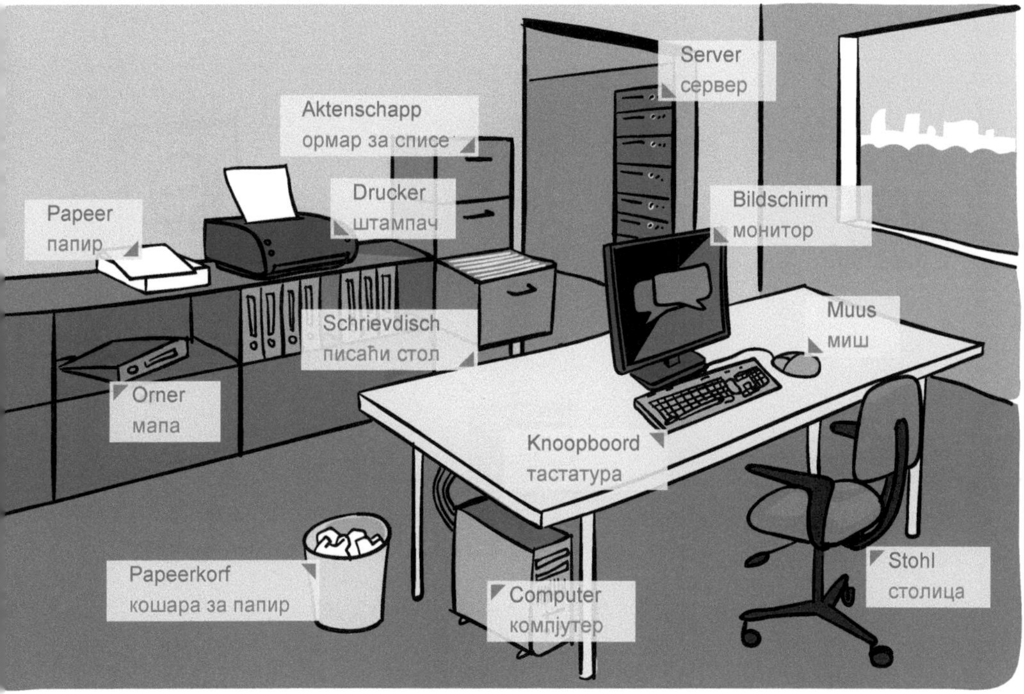

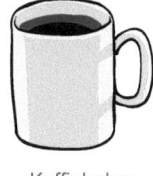

Koffiebeker

шалица за каву

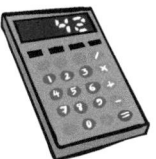

Taschenreekner

калкулатор

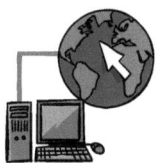

Internet

интернет

Klappreekner

лаптоп

Breef

писмо

Naricht

порука

Ackersnacker

мобилни телефон

Nettwark

мрежа

Kopeerapparat

уређај за копирање

Software

софтвер

Klöönkassen

телефон

Steekdoos

утичница

Faxapparat

факс

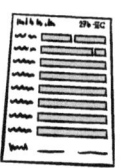

Formulor

формулар

Dokument

документ

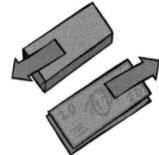

köpen

куповати

betahlen

платити

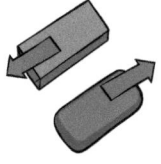

hanneln

трговати

Geld

новац

Dollar

долар

Euro

евро

Yen

јен

Ruvel

рубља

Swiezer Franken

швајцарски франак

Renminbi Yuan

ренминдби јуан

Rupie

рупија

Geldautomat

аутомат за новац

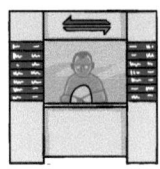

Wesselstuuv

мењачница

Gold

злато

Sülver

сребро

Ööl

нафта

Energie

енергија

Pries

цена

Verdrag

уговор

Stüer

порез

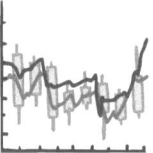

Andeelschien

деонице

arbeiden

радити

Anstellte

службеник

Arbeitgever

послодавац

Fabrik

фабрика

Hökerie

продавница

Profeschonen

занимања

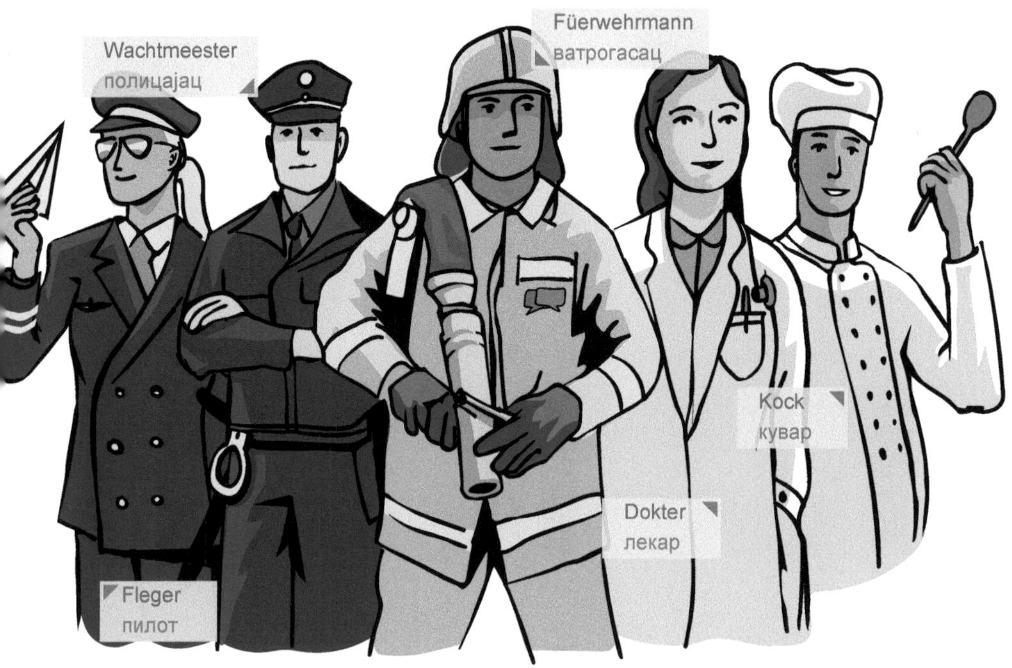

Füerwehrmann
ватрогасац
Wachtmeester
полицајац
Kock
кувар
Dokter
лекар
Fleger
пилот

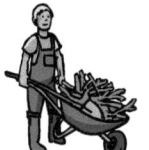

Goorner
....
вртлар

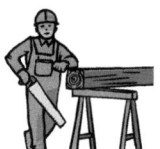

Discher
....
столар

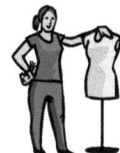

Neihersche
....
кројачица

Richter
....
судија

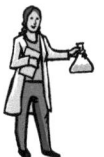

Chemiker
....
хемичар

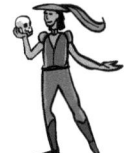

Schauspeler
....
глумац

Busfohrer

возач аутобуса

Taxifohrer

возач таксија

Fischer

рибар

Reinmaakfru

чистачица

Dackdecker

кровопокривач

Kellner

конобар

Jäger

ловац

Maler

сликар

Bäcker

пекар

Elektriker

електричар

Buarbeider

грађевински радник

Ingenieur

инжењер

Slachter

месар

Klempner

лимар

Postbüdel

поштар

Suldat

војник

Architekt

архитекта

Kasserer

благајник

Florist

цвећар

Putzbüdel

фризер

Schaffner

кондуктер

Mechaniker

механичар

Kaptein

капетан

Tähndokter

зубар

Wetenschopler

научник

Rabbi

раби

Imam

имам

Mönk

монах

Paap

свећеник

Warktüüch

алати

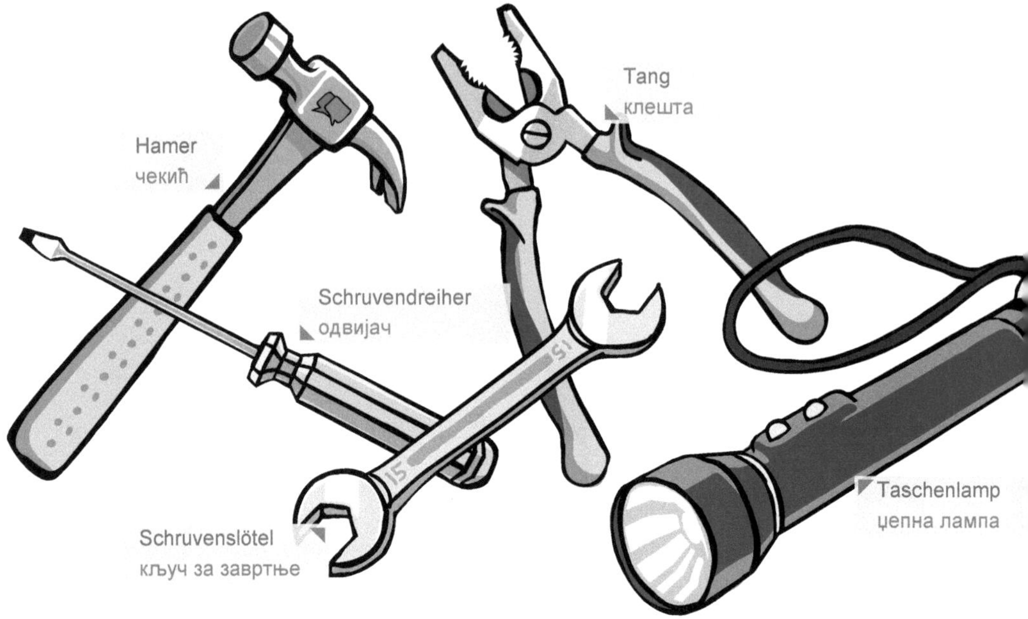

Hamer
чекић
Tang
клешта
Schruvendreiher
одвијач
Taschenlamp
џепна лампа
Schruvenslötel
кључ за завртње

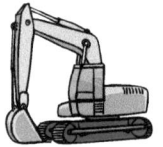

Grieper

багер

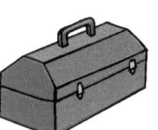

Warktüüchkassen

кутија за алат

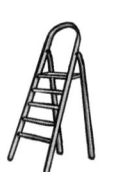

Ledder

мердевине

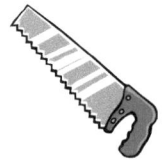

Saag

пила

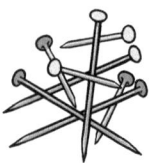

Nagels

ексер

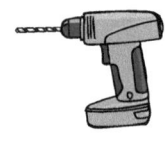

Bohrer

бушилица

heelmaken
поправити

Schüffel
лопата

Schiet!
до ђавола!

Kehrblick
лопатица

Farvpott
лонац за боју

Schruven
завртањи

Musikinstrumenten
музички инструмент

Slagtüüch
бубњеви

Luutsnacker
звучник

Bass-Vigelien
контрабас

Trumpeet
труба

Rietfiedel
гитара

Klaveer

клавир

Vigelien

виолина

Bass

бас

Pauk

тимпани

Trummeln

удараљке за бубњеве

Keyboard

типке клавира

Saxophon

саксофон

Fleut

флаута

Mikrofoon

микрофон

Deertenpark

зоолошки врт

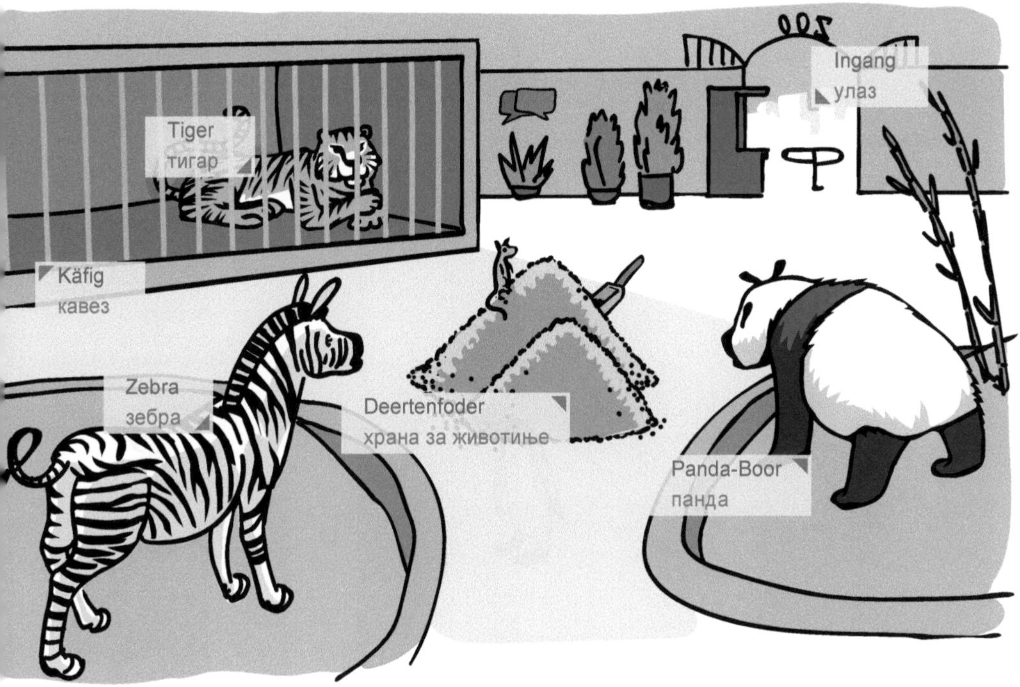
Tiger
тигар
Ingang
улаз
Käfig
кавез
Zebra
зебра
Deertenfoder
храна за животиње
Panda-Boor
панда

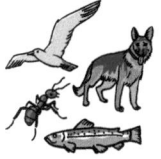

Deerten
животиње

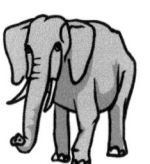

Elefant
слон

Känguru
кенгур

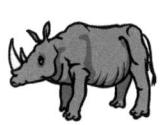

Neeshoorn
носорог

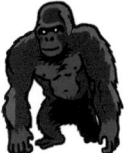

Gorilla
горила

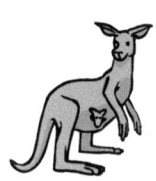

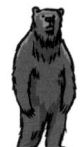

Boor
медвед

Kameel

камила

Struuß

нoj

Lööv

лав

Aap

мајмун

Flamingo

фламинго

Papagoi

папагај

Iesboor

поларни медвед

Pinguin

пингвин

Haifisch

ајкула

Pageluun

паун

Slang

змија

Krokodil

крокодил

Oppasser in'n Deertenpark

чувар у зоолошком врту

Saalhund

туљан

Jaguor

јагуар

Pony

пони

Leopard

леопард

Nilpeerd

нилски коњ

Giraff

жирафа

Aadler

орао

Wildswien

дивља свиња

Fisch

риба

Schildkrööt

корњача

Walross

морж

Voss

лисица

Gazell

газела

Amerikaansch Football
амерички ногомет

Radfohren
бициклизам

Tennis
тенис

Korfball
кошарка

Swümmen
пливање

Boxen
бокс

Ieshockey
хокеј на леду

Football
фудбал

Fedderball
бадминтон

Leichtathletik
атлетика

Handball
рукомет

Skilopen
скијање

Polo
поло

Aktivitäten

активности

lachen
смејати се
springen
скочити
ümarmen
загрлити
gahn
ићи
singen
певати
drömen
сањати
beden
молити се
snuteln
пољубити

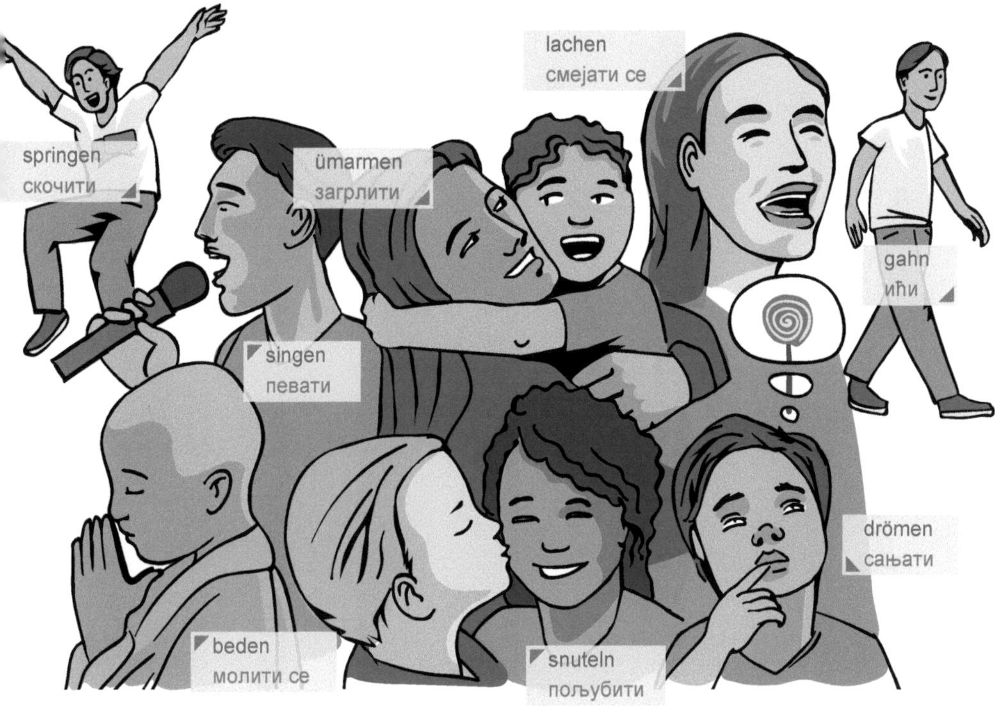

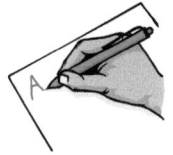

schrieven

писати

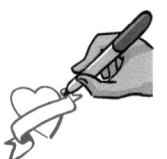

teken

цртати

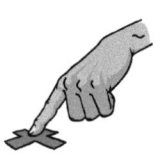

wiesen

показати

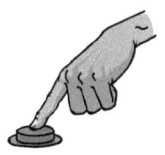

drücken

гурати

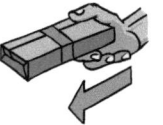

geven

дати

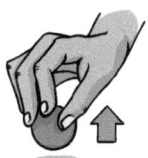

nehmen

узети

hebben

имати

doon

чинити

sien

бити

stahn

стојати

lopen

трчати

trecken

повлачити

smieten

бацити

fallen

падати

liggen

лежати

töven

чекати

dregen

носити

sitten

седити

antrecken

облачити

slapen

спавати

opwaken

пробудити се

ankieken

гледати

wenen

плакати

eien

миловати

kämmen

чешљати

snacken

говорити

verstahn

разумети

fragen

питати

hören

слушати

drinken

пити

eten

јести

oprümen

поспремити

leefhebben

волети

kaken

кухати

fohren

возити

flegen

летети

segeln

пловити

reken

рачунати

lesen

читати

lehren

учити

arbeiden

радити

de Plünnen tohoopsmieten

венчати се

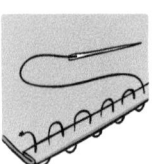

neihen

шити

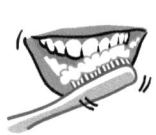

Tähnen putzen

прати зубе

dootmaken

убити

smöken

пушити

schicken

послати

Familje

породица

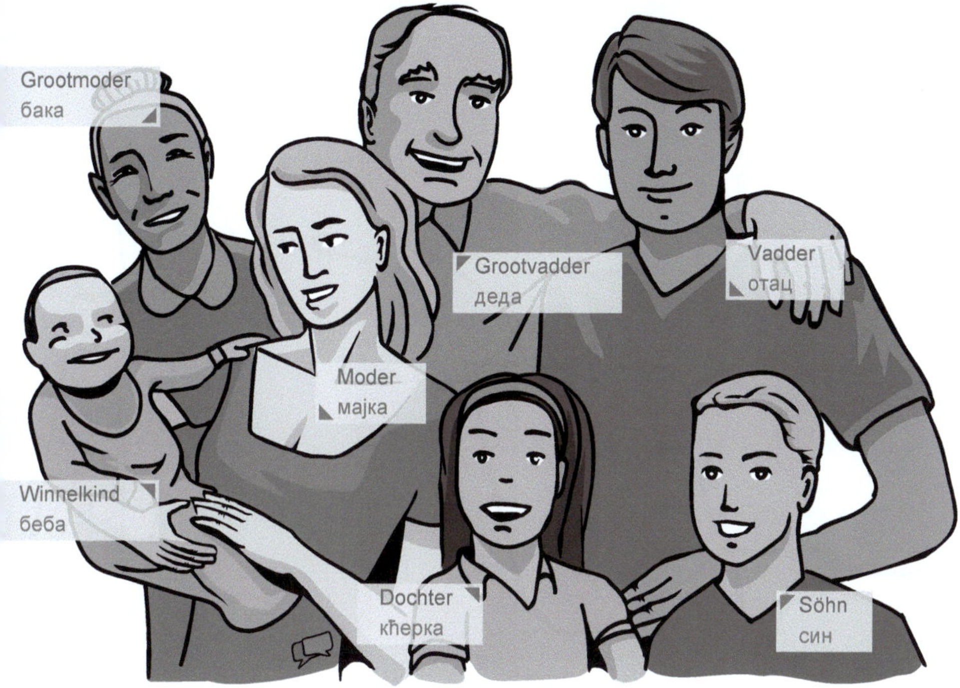
Grootmoder
бака
Grootvadder
деда
Vadder
отац
Moder
мајка
Winnelkind
беба
Dochter
кћерка
Söhn
син

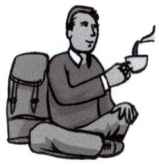

Gast

гост

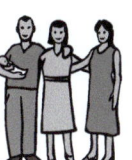

Tant

тетка

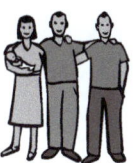

Unkel

ујак, стриц

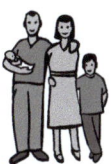

Broder

брат

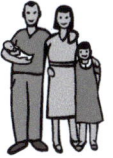

Süster

сестра

Lief

тело

Vörkopp
чело
Oog
око
Schuller
раме
Finger
прст
Gesicht
лице
Kinn
брада
Hand
рука
Been
нога
Bost
груди
Arm
рука

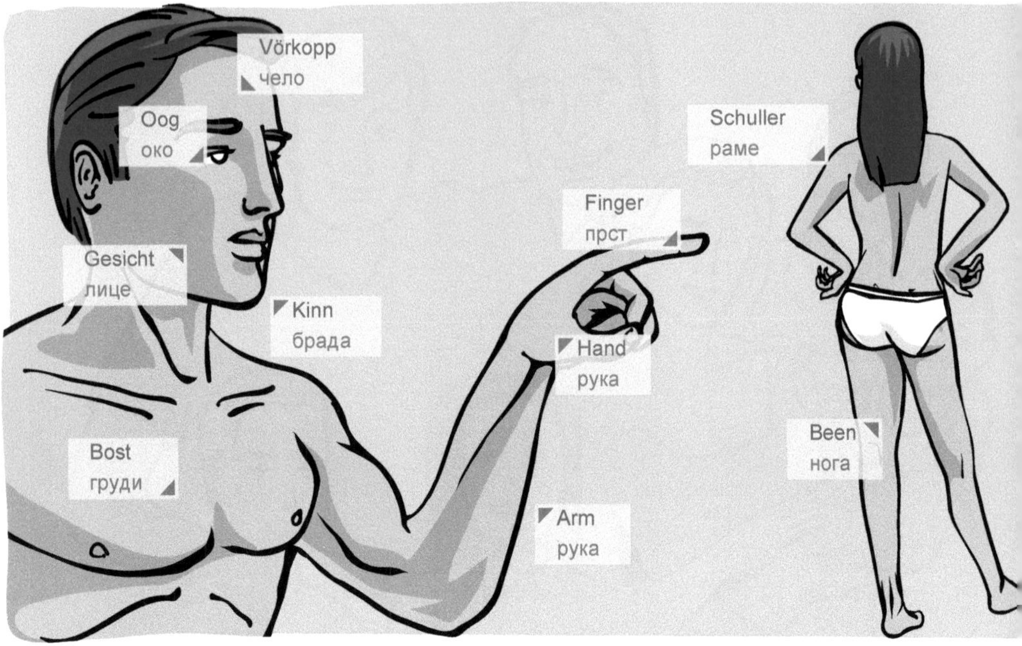

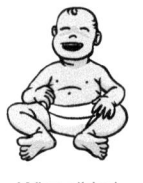

Winnelkind

беба

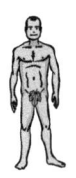

Mann

мушкарац

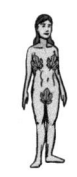

Fro

жена

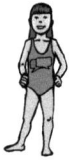

Deern

девојчица

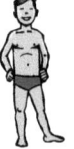

Jung

дечак

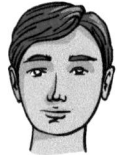

Arm

глава

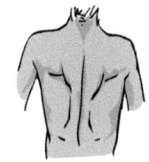

Rüch

леђа

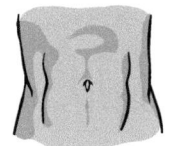

Buuk

стомак

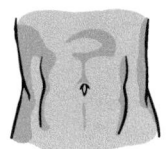

Navel

пупак

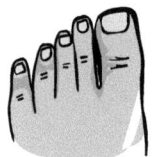

Teh

ножни прст

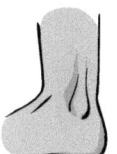

Hack

пета

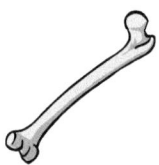

Knaken

кост

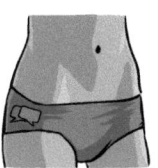

Hüft

кукови

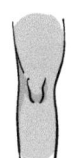

Knee

колено

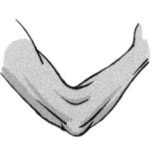

Ellbagen

лакат

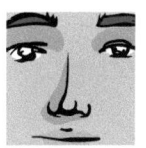

Nees

нос

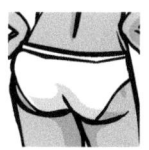

Achtersen

задњица

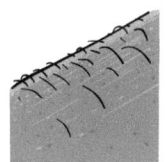

Huut

кожа

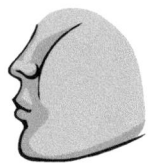

Back

образ

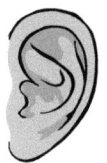

Ohr

уво

Lipp

усна

Lief - тело

Mund

уста

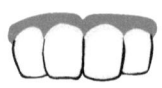

Tähn

зуб

Tung

језик

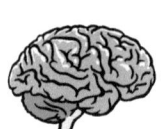

Bregen

мозак

Hart

срце

Muskel

мишић

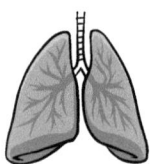

Lung

плућа

Lever

јетра

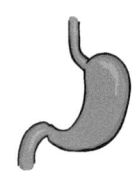

Maag

желудац

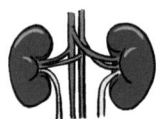

Neren

бубрези

Bislaap

полни однос

Kondoom

кондом

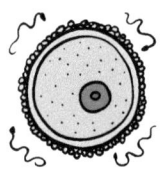

Eizell

јајна ћелија

Sperma

сперма

Anner Ümstänn

трудноћа

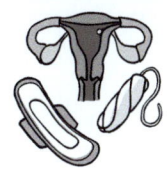

Menstruatschoon

менструација

Scheed

вагина

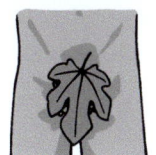

Pint

пенис

Ogenbroe

обрва

Hoor

коса

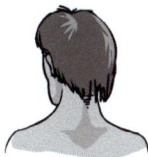

Hals

врат

Krankenhuus

болница

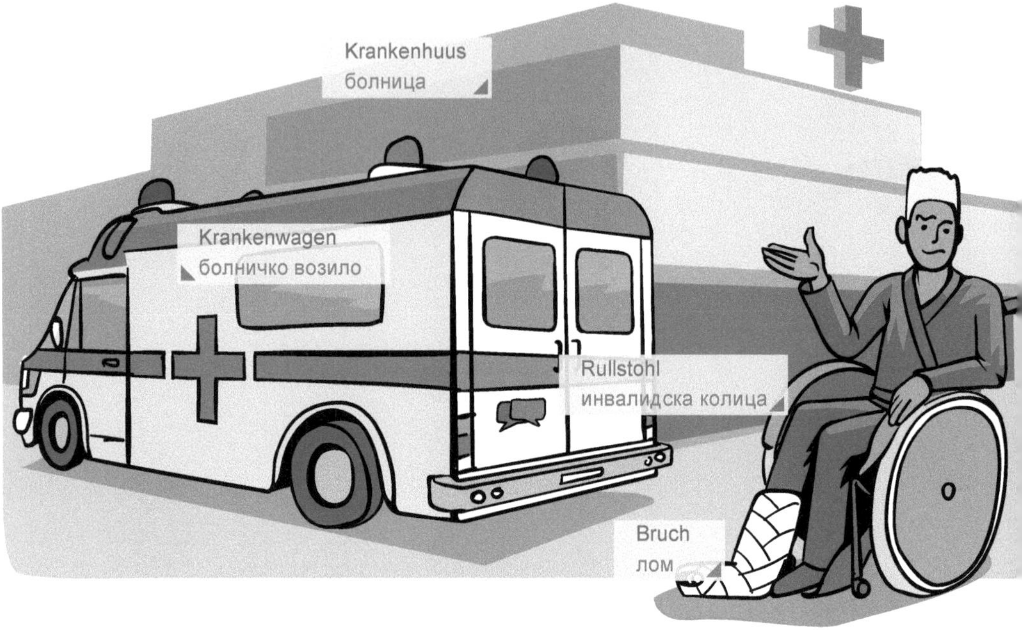

Krankenhuus
болница
Krankenwagen
болничко возило
Rullstohl
инвалидска колица
Bruch
лом

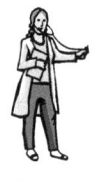

Dokter

лекар

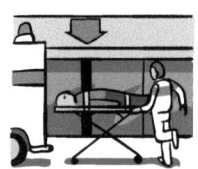

Nootopnahm

хитна медицинска служба

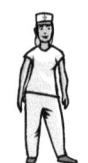

Krankensüster

медицинска сестра

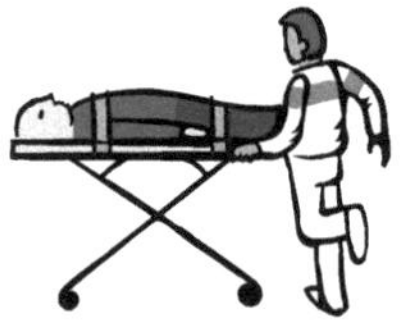

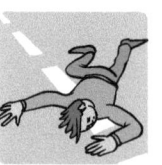

Nootfall

хитни случај

ahnmächtig

несвест

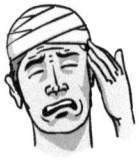

Wehdaag

бол

Verwunnen

повреда

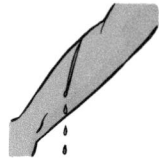

Blöden

крварење

Hartinfarkt

срчани удар

Slaganfall

удар

Allergie

алергија

Hoosten

кашаљ

Fever

грозница

Gripp

грипа

Dörchfall

пролив

Koppwehdaag

главобоља

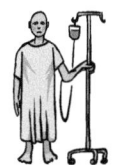

Kreeft

рак

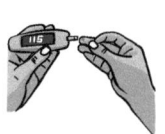

Zuckersüük

дијабетес

Chirurg

хирург

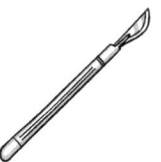

Chirurgsch Mess

скалпел

Operatschoon

операција

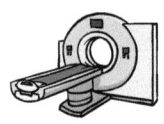

CT

цт

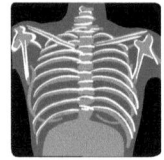

Dörchlüchten

рентген

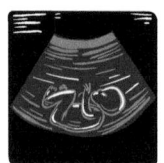

Ultraschall

ултразвук

Mask

маска

Krankheit

болест

Töövruum

чекаона

Krück

штака

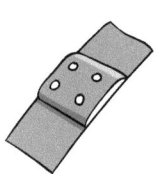

Plaaster

фластер

Verband

завој

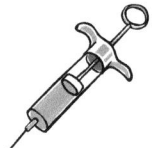

Insprütten

ињекција

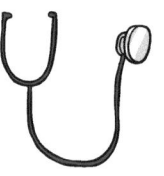

Stethoskop

стетоскоп

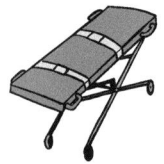

Draag

носила

Feverthermometer

термометар

Geboort

рођење

Övergewicht

прекомерна тежина

Höörapparat

слушни апарат

Kiemfriemiddel

средство за дезинфекцију

Ansteken

инфекција

Virus

вирус

HIV / AIDS

хив / аидс

Heelmiddel

медицина

Impen

вакцинација

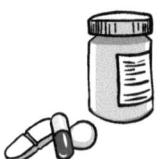

Tabletten

таблете

Pill

пилула

Nootroop

хитни позив

Blootdruck-Meter

уређај за мерење притиска

krank / gesund

болесно / здраво

Hölp!

помоћ!

Alarm

аларм

Överfall

насртај

Angreep

напад

Gefohr

опасност

Nootutgang

излаз у случају нужде

Füer!

пожар!

Füerlöscher

противпожарни апарат

Unfall

незгоца

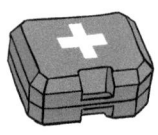

Noothölpkoffer

кутија прве помоћи

SOS

сос

Polizei

полиција

Europa

Европа

Noordamerika

Северна Америка

Süüdamerika

Јужна Америка

Afrika

Африка

Asien

Азија

Australien

Аустралија

Atlantik

Атлантик

Pazifik

Пацифик

Indisch Weltmeer

Индијски океан

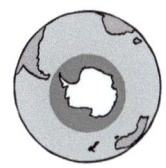

Antarktisch Weltmeer

Антарктички океан

Arktisch Weltmeer

Арктички океан

Noordpol

Северни рол

Süüdpol
....
Јужни рол

Antarktis
....
Антарктик

Eerd
....
земља

Land
....
земља

See
....
море

Eiland
....
оток

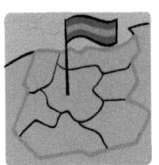

Natschoon
....
нација

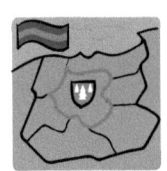

Staat
....
држава

Tallenblatt

бројчаник сата

Stunnenwieser

сатна казаљка

Minutenwieser

минутна казаљка

Sekunnenwieser

секундна казаљка

Wo laat is dat?

Колико је сати?

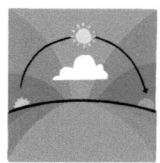

Dag

дан

Tiet

време

nu

сада

digetaalsch Klock

дигитални сат

Minuut

минута

Stunn

час

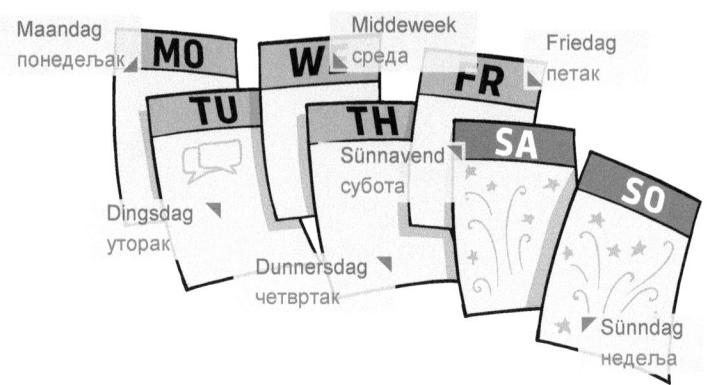

Maandag / понедељак
MO

Dingsdag / уторак
TU

Middeweek / среда
W

Dunnersdag / четвртак
TH

Friedag / петак
FR

Sünnavend / субота
SA

Sünndag / недеља
SO

güstern
....
јуче

hüüt
....
данас

morgen
....
сутра

Morgen
....
јутро

Meddag
....
подне

Avend
....
вече

Arbeitsdaag
....
радни дани

Wekenenn
....
викенд

Johr

година

Regenbagen
дуга
Regen
киша
Snee
снег
Wind
ветар
Fröhjohr
пролеће
Harvst
јесен
Sommer
лето
Winter
зима

4.APRIL 11°
5.APRIL 4°
6.APRIL 13°
7.APRIL 8°
8.APRIL 10°

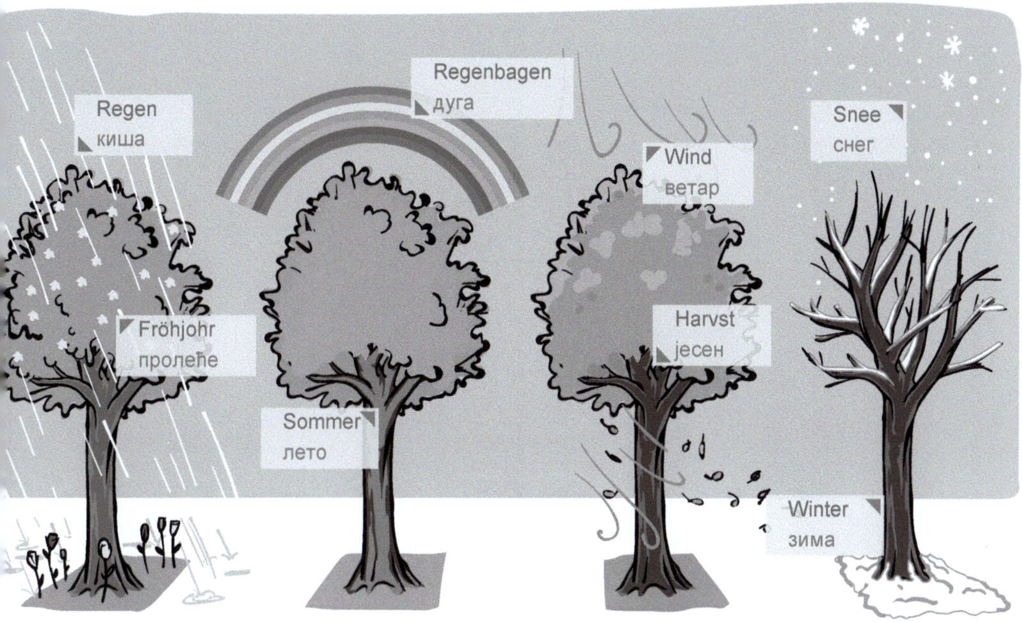

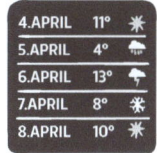

Wedervörhersaag

метеоролошка прогноза

F C
120 40
90 30
60 20
30 10
0 0
-30 -10
-20

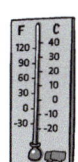

Thermometer

термометар

Sünnenschien

сунчана светлост

Wulk

облак

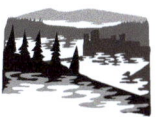

Nevel

магла

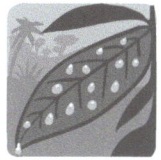

Luftfuchtigkeit

влажност ваздуха

Blitz

муња

Dunner

грмљавина

Storm

олуја

Hagel

туча

Monsun

монсун

Floot

поплава

Ies

лед

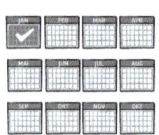

Januormaand

јануар

Februormaand

фебруар

Martmaand

март

Aprilmaand

април

Maimaand

мај

Junimaand

јуни

Julimaand

јули

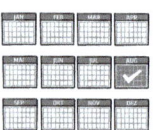

Augustmaand

август

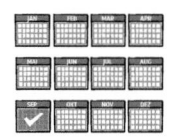

Septembermaand

септембар

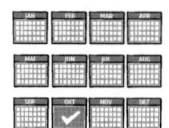

Oktobermaand

октобар

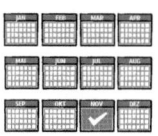

Novembermaand

новембар

Dezembermaand

децембар

Formen
облици

Krink

круг

Quadrat

квадрат

Rechteck

правоугао

Dreeeck

троугао

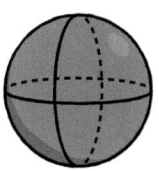

Kugel

кугла

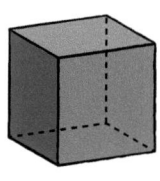

Wörpel

коцка

witt

бела

geel

жута

orangsch

наранџаста

pink

ружичаста

root

црвена

lila

љубичаста

blau

плава

gröön

зелена

bruun

смеђа

gries

сива

swart

црна

veel / wenig

много / мало

böös / verdreeglich

љутито / мирно

smuck / mies

лепо / ружно

Begünn / Enn

почетак / крај

groot / lütt

велико / малено

hell / düüster

светло / тамно

Broder / Süster

брат / сестра

schier / schietig

чисто / прљаво

kumpleet / nich kumpleet

потпуно / непотпуно

Dag / Nacht

дан / ноћ

doot / lebennig

мртво / живо

breet / small

широко / уско

geneetbor / nich geneetbor

јестиво / нејестиво

böös / fründlich

зло / добро

fickerig / langwielt

узбуђено / досадно

dick / dünn

дебело / мршаво

toeerst / toletzt

на почетку / на крају

Fründ / Fiend

пријатељ / непријатељ

vull / leddig

пуно / празно

hart / week

тврдо / мекано

swoor / licht

тешко / лагано

Smacht / Döst

глад / жеђ

krank / gesund

болесно / здраво

nich na't Recht / na't Recht

илегално / легално

klook / dummerhaftig

паметно / глупо

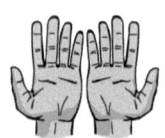

linkerhand / rechterhand

лево / десно

neeg / feern

близу / далеко

nieg / bruukt

ново / половно

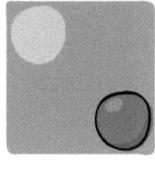

nix / wat

ништа / нешто

oolt / jung

старо / младо

an / ut

укључено / искључено

apen / slaten

отворено / затворено

lies / luut

тихо / гласно

riek / arm

богато / сиромашно

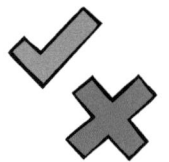

richtig / verkehrt

тачно / погрешно

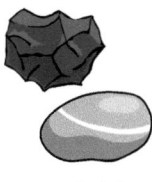

ruug / glatt

храпаво / глатко

trurig / glücklich

тужно / сретно

kort / lang

кратко / дуго

suutje / flink

полако / брзо

natt / dröög

мокро / сухо

warm / köhl

топло / хладно

Krieg / Freden

рат / мир

0	**1**	**2**
null	een	twee
нула	један	два

3	**4**	**5**
dree	veer	fief
три	четири	пет

6	**7**	**8**
söss	söven	acht
шест	седам	осам

9	**10**	**11**
negen	teihn	ölven
девет	десет	једанаест

12	**13**	**14**
twölf	dörteihn	veerteihn
дванаест	тринаест	четрнаест

15	**16**	**17**
föffteihn	sössteihn	söventeihn
петнаест	шестнаест	седамнаест

18	**19**	**20**
achtteihn	negenteihn	twintig
осамнаест	деветнаест	двадесет

100	**1.000**	**1.000.000**
hunnert	dusend	million
стотину	хиљаду	милион

Engelsch

енглески

Amerikaansch Engelsch

амерички енглески

Chineesch Mandarin

мандарински кинески

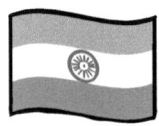

Hindi

хиндски

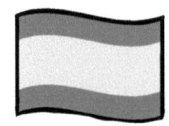

Spaansch

шпански

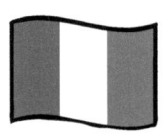

Franzöösch

француски

Araabsch

арапски

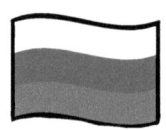

Rusch

руски

Portugiesch

португалски

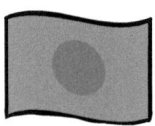

Bengaalsch

бенгалски

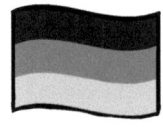

Düütsch

немачки

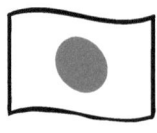

Japaansch

јапански

ik
ja

du
ти

he / se / dat
он / она / оно

wi
ми

ji
ви

se
они

keen?
Ко?

wat?
Шта?

woans?
Како?

woneem?
Где?

wannehr?
Када?

Naam
име

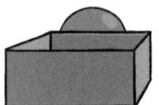

achter

иза

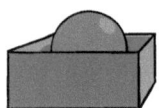

in

у

vör

испред

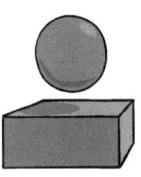

över

преко

op

на

ünner

испод

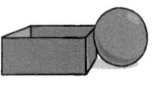

blangen

поред

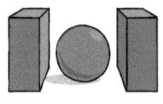

twüschen

између

Oort

место